Sich zutrauen, glücklich zu sein

Geburtstag heißt: Zwölf Monate eines neuen Lebensjahres liegen vor uns. Unendlich viele Möglichkeiten sind im Moment noch im Verborgenen. Welche Wünsche haben Sie im Blick auf diese Zeit? Wer Wünsche hat, ist offen für das Leben!

„Glück und Segen" wünscht man Ihnen. Auf welche Weise sollte dieser Wunsch in Erfüllung gehen? Welchen Platz haben andere Menschen und die Welt in Ihren Wünschen?

Ich wünsche Ihnen, dass Sie offen bleiben für die Lebendigkeit des Lebens, auch dann, wenn nicht alle Wünsche in Erfüllung gehen.
Trauen Sie sich zu, die Gelegenheiten zu erkennen, um glücklich zu sein!

*Die Seele nährt sich von dem,
woran sie sich freut.*

Augustinus

Quellen des Glücks

„Ich wünsche dir zum Geburtstag viel Glück!", sagen wir; aber was ist eigentlich damit gemeint?

„Man sollte nicht sprechen von der Kunst, glücklich zu sein, sondern von der Kunst, sich glücklich zu fühlen", schrieb Marie von Ebner-Eschenbach.

Glück ist nicht käuflich. Mancher wartet lange und zunehmend enttäuscht auf den großen Zufallstreffer: „Einmal muss ich doch auch dran sein!" Zu hoch angesetzte Glückserwartungen führen oft in die Enttäuschung.

Es geht aber nicht um „Glück haben", sondern um „Glück empfinden" mit allen Sinnen.

Als glücklich kann sich der Mensch bezeichnen, der erkannt hat, dass das Glück in ihm selbst liegt, also nicht in den äußeren Umständen und meist nicht in den Dingen, die man kaufen kann. So belegen

Studien, dass sich „Lottokönige" bereits nach einem Jahr genau so unglücklich fühlen wie vorher oder sogar noch unglücklicher. Ein anderer Weg ist vielversprechender: das Glück in den unzähligen kleinen, schönen und erfreulichen Begegnungen zu sehen. Dafür braucht man offene Augen. Wer bereit ist, Glücklichmachendes in seinem Leben wahrzunehmen, erlebt Glück.

Ein Geburtstag ist Anlass zum Glückwünschen, Schenken und beschenkt zu werden.

Materielle Geschenke sind eine Form, Nähe zu zeigen. Viel dringender aber brauchen wir die ganze Palette menschlicher Zuwendung durch Gemeinschaft im Gespräch, im verständnisvollen einander Zuhören, in der hilfreichen Tat.

Glück liegt in einem froh machenden Miteinander!

*Willst du glücklich sein im Leben,
trage bei zu anderer Glück,
denn die Freude, die wir geben,
kehrt ins eigene Herz zurück!*

Unbekannt

Träume

Jede unserer Lebensphasen ist noch in uns lebendig. Kindheit, Jugend, Erwachsensein – alle Erfahrungen prägen unser Wesen. Träume, Wünsche aus unserer Kindheit werden manchmal aus ihrem jahrelangen Dornröschenschlaf geweckt. Ein bestimmter Geruch, ein plötzlicher Eindruck – und die Erinnerung ist wach. Und dann ist auch der alte Traum wieder vor Augen. Ja, das habe ich mir damals heftig gewünscht, das wollte ich unbedingt erreichen! Aber warum ist nichts daraus geworden? Gibt es noch Hoffnung für unsere Träume nach all den Jahren?

Mag der Traum von damals auch verschüttet gewesen sein unter manchen Zwängen des Lebens, jetzt hat er sich wieder gemeldet. Farbige Bilder hat er auf unsere innere Leinwand projiziert. Nun fängt er an, aufregend neue Gedanken hervorzurufen.

Wünsche signalisieren Leben. Ziele kommen irgendwann von selbst ins Blickfeld. Alles beginnt mit dem Traum.

Wünsche

Ich wünsche dir,

dass du den roten Faden
im Labyrinth des Lebens findest,

dass du ein Gespür für die wichtigen Momente
im Leben entwickelst,

Freundlichkeit, aber auch Bestimmtheit
und Selbstbehauptung zur rechten Zeit,

dass du wie ein Baum fest verwurzelt bist
und Kraft in dir fließt, gespeist aus
unsichtbaren Quellen,

dass du wie ein Adler aus den Niederungen
des Alltags aufsteigen kannst zu den
Höhen des Glücks.

Ich wünsche dir
Gottes Segen für dein Leben.

Du meine Seele, singe

Psalm 146, EG 302

Wohl dem, der einzig schauet | nach Jakobs Gott und Heil!
Wer dem sich anvertrauet, | der hat das beste Teil,
das höchste Gut erlesen, | den schönsten Schatz geliebt;
sein Herz und ganzes Wesen | bleibt ewig unbetrübt.

Hier sind die starken Kräfte, | die unerschöpfte Macht;
das weisen die Geschäfte, | die seine Hand gemacht:
der Himmel und die Erde | mit ihrem ganzen Heer,
der Fisch unzähl'ge Herde | im großen wilden Meer.

Hier sind die treuen Sinnen, | die niemand Unrecht tun,
all denen Gutes gönnen, | die in der Treu beruhn.
Gott hält sein Wort mit Freuden, | und was er spricht, geschicht;
und wer Gewalt muss leiden, | den schützt er im Gericht.

Ach ich bin viel zu wenig, | zu rühmen seinen Ruhm;
der Herr allein ist König, | ich eine welke Blum.
Jedoch weil ich gehöre | gen Zion in sein Zelt,
ist's billig, dass ich mehre | sein Lob vor aller Welt.

Text: Paul Gerhardt 1653
Melodie: Johann Georg Ebeling 1666

Klang der Liebe und des Lebens

Geburtstage gleichen dem Stundenschlag einer großen Uhr. Die Zeile eines Liedes erinnert: „Hörst du's nicht, wie die Zeit vergeht..."

Jährlich ertönt ein Schlag mehr, summiert sich Jahr um Jahr zum Schatz von Erfahrung, Erlebnis, Freuden, Leiden, Aufgaben und mancherlei Begegnungen.

Der Stundenschlag meines Lebens lässt mich innehalten. Er macht mich nachdenklich, vielleicht auch dankbar für geschenkte Zeit. Ich bitte um Stunden, Tage und Monate gesegneten Lebens.

„Siehe, ich bin mit dir, wo du auch hinziehst", lautet eine Zusage Gottes. Der Mensch, dem sie einst galt, hat sich darauf verlassen. Mutig nahm er Weg und Auftrag an. Leben ist immer Weg und Auftrag zugleich. Wir leben ja nicht nur für uns selbst, sondern immer in Verbindung mit dem Leben um uns herum. Leben ist auch Verantwortung für mich und andere und für diese Welt. Ich muss diese Verantwortung nicht alleine tragen. Ich bin begleitet, geschützt, letztlich geborgen. Den Beginn eines neuen Lebensjahres begleitet der

Ton der verlässlichen Freundschaft Gottes, der Klang der Liebe und des Lebens. Er wird zur Grundmelodie für das Kommende. Wenn ich bereit bin, mitten in all den Geräuschen ihm zu lauschen, wird er mir Kraft und Zuversicht geben.

Zeit, bleib stehen!

„Was, schon so spät!" Manchmal vergeht die Zeit wie im Flug. Schöne Zeiten scheinen sich geradewegs zu verflüchtigen. „Schon wieder ein Jahr älter, wie die Zeit vergeht!" – wer kennt den Seufzer nicht! Und merkwürdig, je älter man wird, desto schneller scheint die Zeit zu vergehen; sie rast dahin, und wir bekommen es mit der Angst zu tun, beobachten mit Entsetzen Merkmale der vergehenden Zeit an uns selbst und an unseren gleichaltrigen Freunden.

Wer die Zeit festzuhalten versucht, dem geht es so wie mir, als ich einmal versuchte, feinen Sand in meiner Hand festzuhalten. Es wollte nicht gelingen, der Sand rann mir durch die Finger.

Die Zeit anzuhalten ist unmöglich.
Zeit, bleib stehen! Nur einen Augenblick – und der sollte ganz lang sein.

Lebenszeit ist wertvoll, jeder Moment ein Gottesgeschenk! Die Einsicht der Endlichkeit unseres Lebens will uns auf den Wert der Zeit hinweisen. Jede Minute eine Kostbarkeit, die es zu schätzen und bewusst zu leben gilt, als wäre es die letzte.

Tut die Augen auf! Seht auf euren Weg!
Seht auf alles, was ihr tut und tut es
mit Sorgfalt und wachem Gewissen.
Lebt nicht töricht in den Tag hinein,
sondern seht euch die Welt an, in der ihr lebt,
in die Gott euch gestellt hat.

Jeder Augenblick hat eine Chance in sich
(nämlich die, dass der Glaube eine leibliche Gestalt
finden kann in einem Wort oder in einer Tat).
Nutzt sie! Versäumt sie nicht!
Denn es geschieht genug Böses
in unseren Tagen.

Überlegt euch, was Gott euch aufgetragen hat, und
handelt, wie es eurem Glauben entspricht.
Denn weise zu handeln heißt, so zu leben,
dass der Glaube sichtbar wird.

Nach Epheser 5,15-17

Gebet

Herr,
gib mir ein tapferes Herz.
Stärke mich,
das Gute in meinem Leben zu sehen,
damit ich dem Sog des Negativen
widerstehen kann.

Gib mir ein gesundes Maß
an Selbstvertrauen und Liebe zu mir,
dabei die Freiheit,
mich selbst nicht allzu ernst zu nehmen.
Um Humor bitte ich dich,
um fröhliches, herzhaftes Lachen.

Schenke mir die Aufmerksamkeit des Herzens,
die die Bedürftigkeit anderer Menschen
wahrzunehmen versteht.

Lass mich meine Gaben mit Freude
und Dankbarkeit erkennen
und lehre mich,
sie in deinem Sinn einzusetzen.

Amen.